BEI GRIN MACHT SICH IHR WISSEN BEZAHLT

- Wir veröffentlichen Ihre Hausarbeit, Bachelor- und Masterarbeit

- Ihr eigenes eBook und Buch - weltweit in allen wichtigen Shops

- Verdienen Sie an jedem Verkauf

Jetzt bei www.GRIN.com hochladen und kostenlos publizieren

Seminarplanung nach Wolfgang Klafki und Kersten Reich. Didaktisches Handeln und Kommunikation in Lerngruppen

Vanessa Gisch

Bibliografische Information der Deutschen Nationalbibliothek:

Die Deutsche Nationalbibliothek verzeichnet diese Publikation in der Deutschen Nationalbibliografie; detaillierte bibliografische Daten sind im Internet über http://dnb.d-nb.de abrufbar.

ISBN: 9783346643889
Dieses Buch ist auch als E-Book erhältlich.

© GRIN Publishing GmbH
Nymphenburger Straße 86
80636 München

Druck und Bindung: Books on Demand GmbH, Norderstedt Germany
Gedruckt auf säurefreiem Papier aus verantwortungsvollen Quellen

Das vorliegende Werk wurde sorgfältig erarbeitet. Dennoch übernehmen Autoren und Verlag für die Richtigkeit von Angaben, Hinweisen, Links und Ratschlägen sowie eventuelle Druckfehler keine Haftung.

Das Buch bei GRIN: https://www.grin.com/document/1195044

Deckblatt für Einsendearbeiten im

Fernstudiengang „Erwachsenenbildung"

Adresse	
Name	Gisch
Vorname	Vanessa

Einsendeaufgabe 1

Anwendung der Prinzipien bildungstheoretischer Didaktik nach Klafki in einem selbst geplanten Seminar

Zunächst wird der Begriff „Seminar" und die Prinzipien der bildungstheoretischen Didaktik erläutert.

Ein Seminar ist eine Lern- und Lehrveranstaltung, die in kleineren Gruppen mit nicht maximal 20 Teilnehmenden stattfindet. In dieser Form können die Teilnehmer/innen unter wissenschaftlicher Anleitung neues Wissen selbstständig erarbeiten oder ihr Vorwissen vertiefen. Das Seminar wird von der Seminarleitung interaktiv gestaltet mittels Diskussion und Praxisbezug. Zum optimalen Mix von Präsenz und Selbststudium wird diese Lehrveranstaltungsform meist als Blockveranstaltung über mehrere Wochen angeboten. Dennoch sind auch Halbtags- oder Ganztagsseminare denkbar. Generell schließt das Seminar mit einer wissenschaftlichen Ausarbeitung und einem Vortrag durch die Teilnehmenden ab. (vgl. Von Felden 2014, Studienbrief EB0410, S. 43)

Die bildungstheoretische Didaktik basiert auf dem Bildungsbegriff. Damit bilden Normen und Ziele die Basis für die didaktischen Analysen. Ziel ist es sich weiterhin an der Aufklärungsidee zu orientieren. Die Teilnehmenden sollen die Fähigkeit der Selbstbestimmung erlangen und in der Lage sein, sich Themen über allgemeine Kategorien selbstständig zu erschließen. Mittels der damit verbundenen Erfahrungen und Einsich-ten vonseiten des Subjektes soll sich ihre Persönlichkeit (weiter-) entwickeln oder verändern. (vgl. ebd., S. 14 ff.)

Im Folgenden wird sich gemäß der Aufgabenstellung auf die fünf Grundfragen der di-daktischen Analyse nach Klafki bezogen, um den Lernprozess strukturiert vorzubereiten bzw. zu planen und didaktisch zu interpretieren. Denn „(d)idaktisches Handeln be-deutet in der bildungstheoretischen Didaktik (also) zunächst die Reflexion über die mögliche Bedeutung eines Inhaltes für die Lerngruppe und die entsprechende Strukturierung des Gegenstandes für die Lernenden." (ebd., S. 17) Bei der Vorbereitung des Seminars orientiert sich die lehrende Person an den Fragen zur Seminarleitung nach der Checkliste von Horst Siebert im Studienbrief EB0420: Didaktisches Design, S. 57. Die Verfasserin übernimmt in diesem Fall die Rolle der Expertin und der Lernbegleiterin. Sie trägt die wesentliche Verantwortung für den Lehr-Lernprozess. Die Kompetenzen der Seminarleitung bestehen darin, dass sie ein Studi-um zur Umwelt- und Betriebswirtschaft absolviert hat. Darüber hinaus verfügt sie über zwei Jahre Unterrichtserfahrung mit Schülern/innen und Studenten/ innen. Aufgrund der alleinigen Durchführung des Seminars durch die Verfasserin sind der Einbezug ande-rer Referenten sowie Absprachen mit anderen Referenten zur Bearbeitung oder Pla-nung des Seminars in diesem Fall nicht notwendig.

Das Thema des Seminars lautet: „Vorbereitungsseminar - Wie schreibe ich eine Bachelorthesis und wie bereite ich mein Kolloquium darüber vor?"

Zunächst stellt sich die Verfasserin, als Seminarleitung, in Bezug zur *Gegenwartbedeutung* die Frage: „Welche Bedeutung hat der betreffende Inhalt bereits im geistigen Leben der (Studierenden)? Welche Bedeutung soll er – vom pädagogischen Gesichtspunkt aus gesehen – darin haben?" (ebd., S. 17)

Das Seminar richtet sich an die Studierenden des Bachelor-Studienganges „Umwelt- und Betriebswirtschaft" der Hochschule Trier, die in das sechste und damit in das letzte Semester nach Regelstudienzeit eingestuft werden. Diese haben bereits durch das im Curriculum vorgegebene Proseminar und Hauptseminar wissenschaftliche Ausarbeitungen bzw. Hausarbeiten zu studiengangsspezifischen Themen/Problemstellungen erstellt und die Ergebnisse bzw. Lösungswege vor der Seminargruppe vorgestellt. Dadurch handelt es sich um eine homogene Zielgruppe in Bezug auf die Vorkenntnisse.

Die Studierenden sollen die in den Proseminaren und Hauptseminaren im Rahmen des Studiums gemachten Erfahrungen und erlernten Fähigkeiten zum wissenschaftlichen Arbeiten und Vortragen abrufen und auf Lücken bzw. Umsetzungsschwierigkeiten überprüfen. Somit werden den Teilnehmenden vor Beginn ihres letzten Semesters und der bevorstehenden Ausarbeitung der Bachelorthesis, einzelne wichtige Aspekte noch einmal erklärt. Des Weiteren steht die Seminarleitung für offene Fragen zur Verfügung, um mögliche Problempunkte klären zu können. Vom pädagogischen Gesichtspunkt aus gesehen, soll der Gegenwartsbezug dazu dienen, praktische Beispiele einzubringen bzw. den Nutzen klar zu machen und sich das Thema leichter erschließen zu können. Die Studierenden können durch Einsicht des Nutzens und der Bedeutung des Lerninhaltes für sie deutlich motiviert werden.

Nachfolgend wird sich die Frage zur *Zukunftsbedeutung* gestellt: „Worin liegt die Bedeutung des Themas für die Zukunft der (Studierenden)?" (ebd., S. 17)

Auch zukünftig sind die Studierenden nach Beendigung ihres Studiums in der beruflichen Praxis oder im Rahmen eines Masterstudienganges immer wieder mit dem wissenschaftlichen Arbeiten sowie dem Präsentieren betraut. Sie benötigen dazu die Kenntnisse und Fertigkeiten insbesondere für die Verteidigung eines beliebigen Themas vor einem Fachpublikum. Die Studierenden werden im Rahmen des Seminars in die Lage versetzt sich in unbekannte Themen einzuarbeiten und zu recherchieren. Sie lernen Themen strukturiert, sorgfältig auszuarbeiten und die Ergebnisse zu präsentieren. Damit erlangen Sie Fähigkeiten, die sie im weiteren Leben stets benötigen.

Des Weiteren befasst sich die Verfasserin mit der *Strukturierung des Inhaltes*. Dieser wird wie folgt gestaltet:

Zu Beginn des Seminars wird von der Seminarleitung eine Vorstellungsrunde gestartet, bei der die Teilnehmenden darum gebeten werden etwas zu ihrer Person sowie den individuellen Erfahrungen mit dem wissenschaftlichen Arbeiten und Präsentieren zu berichten. Weiterhin sollen sie auch darauf eingehen welche Erwartungen sie an das Seminar haben. Dadurch kann die Seminarleitung die Bedürfnisse der Studierenden erkennen und zusammentragen. Es kann auf bereits ausführlich besprochene und unproblematische Aspekte (=Grundlagen) in komprimierter Form eingegangen werden, wohingegen die Problempunkte oder neues Wissen, wie beispielsweise Kreativtechniken zum wissenschaftlichen Schreiben, vertieft werden können. Passend zu den Beiträgen der Studierenden folgen Sachinformationen durch die Seminarleitung. Hierzu gehören beispielsweise Formalien zum Anmeldeverfahren der Abschlussarbeit und der Themenfindung, zur Bedeutung des wissenschaftlichen Arbeitens und dem Aufbau einer wissenschaftlichen Arbeit sowie der anschließenden Präsentation. Die Studierenden werden nochmals darauf hingewiesen, dass Zitieren wichtig ist, um Plagiate, und damit einhergehende Täuschungen, zu verhindern. Des Weiteren wird ihnen aufgezeigt wie sie die Ausarbeitung sauber verfassen und wo sie die zu beachtenden

Richtlinien der Hochschule finden können. Weiterhin erhalten sie Tipps um Schreibblockaden zu lösen.

Anschließend geht es um die *Exemplarische Bedeutung*. Dazu stellt sich die Verfasserin die Frage: „Welchen allgemeinen Sachverhalt, welches allgemeine Problem erschließt der betreffende Inhalt?" (ebd., S. 17)

Als allgemeiner Sachverhalt soll das Vorwissen der Studierenden aus den bisherigen Seminaren für die bevorstehende Abschlussarbeit reflektiert werden. Die Studierenden sollen sich über ihren Standpunkt im Prozess des Kompetenzerwerbs bewusstwerden und erkennen wo diese noch auszubauen sind oder Probleme aufkommen. Es soll weiterhin an der Verbesserung der Fähigkeiten zum wissenschaftlichen Arbeiten und den Präsentationstechniken gearbeitet werden. Somit soll durch das Seminar auch die Persönlichkeit der Studierenden weiterentwickelt werden.

In Bezug auf die *Zugänglichkeit* stellt sich die Seminarleitung folgende Frage: „Welche sind die besonderen Fälle, Phänomene, Situationen, Versuche, in oder an denen die Struktur des jeweiligen Inhaltes den (Studierenden) dieser Bildungsstufe, dieser Klasse, interessant, fragwürdig, zugänglich, begreiflich, ‚anschaulich' werden kann?" (ebd., S. 17)

Den Studierenden wird im Rahmen des Ganztagesseminars eine Abschlussarbeit vorgelegt, die von der Seminarleitung mit Format- oder Rechtschreibfehlern bis hin zu Fehlern im Ausdruck oder falschem Satzbau bearbeitet wurde. Sie bekommen die Aufgabe ihre eigenen Fähigkeiten unter Beweis zu stellen und die Beispielarbeit zu korrigieren. Die Fehler werden im Plenum zusammengetragen und besprochen. Die Seminarleitung geht hierbei noch einmal auf die häufigsten Fehler ein, die beim wissenschaftlichen Arbeiten gemacht werden. Im weiteren Verlauf des Seminars werden den Studierenden zwei Beispielthemen genannt, die in Verbund mit der Praxis stehen, wie bspw. Nachhaltigkeit am Umwelt-Campus Birkenfeld. Dazu erhalten die Studierenden die Aufgabe eine mögliche Einleitung und eine Schlussfolgerung zu formulieren. Auch diese Ergebnisse werden im Plenum von den Studierenden vorgestellt und besprochen. Die Seminarleitung gibt den Studierenden Hinweise und Tipps zur Formulierung einer Einleitung. Um das Seminar abzurunden, wird den Studierenden als Best Practice ein per Video aufgezeichnetes Kolloquium gezeigt. Im Plenum werden die wichtigsten Punkte zusammengefasst, auf die bei der Präsentation zu achten sind. Den Studierenden wird durch den Realitätsbezug und das selbstständige Erarbeiten und Präsentieren der Nutzen für die berufliche Praxis bewusst. Ihre Motivation durch die Eigendarstellung und den Bezug zur Praxis trägt zur Steigerung der Motivation für die Inhalte bei. Darüber hinaus erhalten sie durch das eigene Üben und das Vorstellen der Ergebnisse sowie der Diskussion im Plenum Sicherheit und Rückmeldung zu ihrer Arbeit. (vgl. ebd., S. 17)

Einsendeaufgrabe 2

Anwendung der Prinzipien konstruktivistischer Didaktik nach Reich in einem selbst geplanten Seminar

Zunächst wird darauf eingegangen, was unter den Prinzipien der konstruktivistischen Didaktik nach Kersten Reich zu verstehen ist.

Nach Reich sind die Kommunikation mit den Lernenden und die zwischenmenschli-chen Beziehungen die Rahmenbedingungen für den Lernprozess. Die dialogische Ge-staltung des Lehr-Lern-Prozesses fördert und fordert die Lernenden und trägt zur opti-malen Inhaltsvermittlung bei. Im Vordergrund der konstruktivistischen Didaktik steht deshalb die Entwicklung der Kommunikationskompetenzen, es gibt keine eindeutig festgesetzten Normen, Inhalte oder gesellschaftliche Analysen. Diese beruhen immer auf subjektiven Erfahrungen und Erklärungen, wodurch es eine Vielzahl an unvollstän-dig konstruierten Realitäten gibt. Es ist notwendig, dass das Lernen auf allen Ebenen stattfindet. Die Ebene des Wissens, Denkens und der Kognition sollen abgebaut bzw. mit den imaginären und realen Perspektiven verschränkt werden. Das emotionale und soziale Lernen gewinnt an Bedeutung. Die Gefühle, Intuitionen, Vorstellungen und Bil-der der Individuen sollen zugelassen werden. Dazu rät Reich eine Didaktik auf den Begründungsebenen der Konstruktivität, Methodizität und Praktizität zu verorten. In Bezug auf das didaktische Handeln soll Lernen als Konstruktion, Rekonstruktion und Dekonstruktion ermöglicht werden. Dabei sollen sowohl die Lernenden als auch die Lehrenden verschiedene Rollen einnehmen. Zum einen sieht Kersten Reich die Leh-renden und Lernenden als Beobachter im Sinne einer Selbstbeobachtung oder einer Fremdbeobachtung anderer Beobachter, Teilnehmer und Akteure. Zum anderen über-nehmen sie die Rollen der Teilnehmenden oder der Akteure. Als Teilnehmer/in wird sich mit anderen Teilnehmern verständigt. In der Rolle des Akteurs steht das Agieren ohne primäre Beobachtung im Vordergrund. (vgl. Von Felden 2014: Studienbrief EB0410, S. 20 ff.)

Somit trägt nicht nur die lehrende Person die Verantwortung für den Lehr-Lern-Prozess, wie beispielsweise die didaktische Planung und Durchführung. Auch die Ler-nenden haben die Aufgabe aktiv zu werden. Im Fokus steht die Selbstständigkeit und Eigensinnigkeit der Erwachsenen (vgl. Siebert 2012: EB0420, S. 9). Der Lernprozess muss im Dialog stattfinden. Damit sollen Selbstentfaltungs- und Erfahrungsräume für die Lernenden geschaffen und gemeinsame didaktische Entscheidungen getroffen werden. Das Ziel ist es die Handlungsmöglichkeiten der Studierenden zu erweitern. (vgl. ebd., S. 12) Die Unterrichtsplanung kann im Vorfeld nicht vollständig durch die lehrende Person abgeschlossen und es kann keine Vermittlung vorweggenommen werden. (vgl. Von Felden 2014: Studienbrief EB0410, S. 27 f.)

Im Folgenden wird ein grobes Planungskonzept für ein Seminar mit dem Thema „Rhetorik, Präsentation und Kommunikation" abgebildet, welches sich an der Checkliste für eine gute Lernumgebung von Kersten Reich orientiert (vgl. ebd., S. 30). Die Zielgruppe ist die gleiche wie in Einsendeaufgabe 1. Es werden die Handlungsstufen Vorbereiten, Informieren, Durchführen, Präsentieren und Evaluieren berücksichtigt im Sinne einer ganzheitlichen Planung, die im Zentrum der Planungsvorschläge nach Kersten Reich stehen. (vgl. ebd., S. 30 f.)

Auf der Stufe des Vorbereitens erstellt die Verfasserin einen vorläufigen Ablaufplan und legt Veranstaltungstermine fest. Es werden PowerPoint-Folien und ein Informationstext vorbereitet. Weiterhin werden von ihr Themenbereiche mit Bezug auf das Studium und Leitfragen zusammengestellt. Des Weiteren organisiert die Verfasserin eine Videokamera zur Aufnahme der Präsentationen. Von der lehrenden Person werden die Bewertungsschemata bereitgestellt, die als Orientierung für die Beurteilung der vorbereitenden Vorträge dienen.

Der Modulbeschreibung können die Studierenden Qualifikationsziele, Prüfungsform, etc. entnehmen. Die Studierenden melden sich im Vorfeld der Veranstaltung auf der Lernplattform Stud.IP zum Seminar an. Dort erhalten die Studierenden bereits erste Informationen darüber, wann und wo das Seminar stattfinden wird. Als Vorbereitung auf das Seminar sollen sie zu einem fachspezifischen Thema ihrer Wahl eine 5-minütige Präsentation erstellen. Als Anhaltspunkt dafür stellt die Verfasserin Themenbereiche auf der Lernplattform zur Verfügung. Die Vorbereitung der Präsentationen und die damit verbundene Informationsbeschaffung sowie die Organisation der notwendigen Materialien (PowerPoint-Folien, Flipchart, Beamer, Präsenter, Laptop, etc.) sind vom Studierenden eigenverantwortlich durchzuführen. Hierbei wird erwartet, dass die Studierenden auf Vorwissen und Leitfäden aus bereits absolvierten Pro- und Hauptseminaren zurückgreifen. Ein Austausch mit anderen Kommilitonen/innen ist möglich. Bei Unklarheiten kann über die Lernplattform Kontakt zur Verfasserin aufgenommen werden.

Beim Durchführen unterbreitet die Verfasserin den Studierenden den Vorschlag zum Einstieg mit einer Vorstellungsrunde zu beginnen. Hierbei wird die Methode „Blitzlicht" verwendet. Auf einer PowerPoint-Folie werden dazu Leitfragen abgebildet. So kann beispielsweise auf die Fragen zur Person und zur persönlichen Stimmung der Studierenden eingegangen werden. Die Teilnehmenden berichten darüber in welchem Fachsemester sie eingeschrieben sind, welche Erfahrungen sie bisher mit dem Präsentieren im Verlauf ihres Studiums gemacht haben und welche Erwartungen und/oder Wünsche sie an das Seminar haben. Auch die Verfasserin stellt sich der Gruppe vor. Hierbei wird eine Beziehung zu den Studierenden aufgebaut und eine lockere Atmosphäre geschaffen. Die lehrende Person erfährt mehr über die Teilnehmenden, die Bedürfnisse, mögliche Probleme oder Ängste mit dem Präsentieren, wodurch im Verlauf des Seminars der Fokus auf diese Punkte gelegt werden kann. Die Teilnehmenden stehen im Mittelpunkt mit ihren Gefühlen. Es wird sich an ihren Interessen orientiert.

Den Studierenden werden im Anschluss daran Vorschläge zur weiteren Ausgestaltung des Seminarinhaltes und des Ablaufplans vorgestellt. Die Gruppe handelt gemeinsam Inhaltspunkte mit der Seminarleitung aus, auf die im Seminarverlauf eingegangen werden soll. Beispielsweise soll nochmals ein kleiner Einblick in Präsentationsvorbereitung (z.B. Aufbau, Foliengestaltung) und -techniken anhand eines kurzen Vortrages durch die Verfasserin gegeben werden. Die wichtigsten Punkte, die zu beachten sind, werden durch Leitfragen von der Gruppe zusammengetragen und von der Seminarleitung auf einem Flipchart erfasst. Die Teilnehmer/innen arbeiten aktiv mit, sie reflektieren ihre Erfahrungen und greifen auf Vorwissen zurück. Die Seminarleitung interveniert, falls Punkte fehlen und gibt Praxistipps. Sie veranschaulicht diese Tipps an Praxissituationen. Dadurch wird auch auf die Verwendung bzw. Umsetzung in der Praxis eingegangen, wodurch für die Studierenden auch der Nutzen erkennbar wird. Bei Unklarheiten können sie jederzeit Fragen stellen, die in der Gruppe beantwortet werden.

Auf der Stufe des „Präsentieren" tragen die Studierenden ihre vorbereiteten Themen mit den erarbeiteten Ergebnissen vor. Diese haben die Studierenden im Selbststudium erarbeitet. Es wurde ihnen hierbei freigestellt, ob die Präsentation nur mit PowerPoint-Folien über den Beamer präsentiert wird oder noch Materialen, wie z.b. Flipcharts, ergänzend dazu verwenden. Somit konnten sie hierbei ihrer Kreativität freien Lauf lassen. Die Studierenden werden während der Präsentation mit einer Videokamera aufgezeichnet. Die Aufnahmen werden dazu genutzt, um nach der Präsentationsphase die Vorträge im Plenum zu besprechen, wie im folgenden Abschnitt näher erläutert wird. Die Vorträge dienen der Selbstreflexion der Studierenden in der Rolle des Vortragenden. Sie setzen sich kritisch mit dem eigenen Lernprozess auseinander. Durch die Wahrnehmung und Fremdbeobachtung der Kommilitonen/innen in der Rolle des Fremdbeobachters beurteilen sie die Vortragenden anhand eines Bewertungsschemas. Dies fördert unter anderem die Zusammenarbeit, es wird eine Beziehung hergestellt und die Studierenden werden zu Akteuren im Lehr-Lern-Prozess. Dadurch lösen sie sich aus ihren üblichen Beobachtungen heraus und reflektieren ihre Vorgehensweisen kritisch. Die Leitung des Seminars übernimmt in diesem Fall die Rolle der Beobachterin und Moderatorin.

Die Videoaufzeichnungen werden auf der Stufe „Evaluieren" zusammen angeschaut. Nach jeder Präsentation wird zunächst die/der Vortragende nach der individuellen Wahrnehmung und Gefühlen in der Situation des Vortragens vor den Kommilitonen/innen befragt. Anschließend haben die restlichen Teilnehmenden die Aufgabe Feedback an die/den Vortragende/n anhand ihrer Notizen auf dem Bewertungsschema zu richten. Sie sollen darauf eingehen, wie sie die Präsentation wahrgenommen haben und es soll zusammengetragen werden, was gut umgesetzt wurde. Das Feedback soll hierbei subjektiv und ohne kluge Ratschläge erfolgen. Es ist verboten andere Beiträge zu kommentieren bzw. zu kritisieren. Hierbei übernimmt auch die Verfasserin die Rolle der Teilnehmerin und gleichzeitig der Lernbegleiterin. Sie gibt Feedback zu den einzelnen Präsentationen und dem Auftreten der Studierenden. Es wird Raum geboten Eindrücke und Erfahrungen in der Gruppe untereinander auszutauschen und zu diskutieren. Von der Verfasserin werden weiterführende Fragen gestellt und/oder je nach Situation Tipps gegeben.

Somit übernehmen Lernende und die lehrende Person situativ die Rolle des Akteurs, Beobachters und Teilnehmers. Die Präsentierenden reflektieren sowohl ihre eigene Handlung als auch die ihrer Kommilitonen/innen. Somit konstruieren, rekonstruieren und dekonstruieren die Lernenden.

Zum Ende des Tagesseminars erkundigt sich die lehrende Person nach Feedback über den Prozess auf der Inhalts- und Beziehungsseite bei den Teilnehmenden. Es werden Fragen gestellt wie: „Wurden eure Erwartungen an das Seminar erfüllt?", „Was hat euch besonders gut gefallen?", „Was könnte man künftig verbessern?", „Was habt ihr für euer zukünftiges Handeln mitgenommen, was werdet ihr sofort ändern?", „Was möchtet ihr für die nächsten Präsentationen verbessern?", „Welche Ziele möchtet ihr erreichen?"

Die Teilnehmenden werden dazu angehalten diese Fragen zunächst schriftlich, in Stichpunkten und jeder für sich zu beantworten. Anschließend können die Rückmeldungen in der Gruppe vorgetragen werden. Damit soll die Verfasserin Feedback zum Inhalt, Ablauf des Seminars und der Beziehung im Seminarverlauf erhalten, um ggf. Anpassungen vornehmen zu können. Des Weiteren erfolgt damit eine Abfrage zum Transfererfolg der Teilnehmenden.

(vgl. Von Felden 2014, Studienbrief EB0410, S. 31)

Einsendeaufgabe 3

Vergleich von Seminaren mit einem geschlossenen Curriculum, mit einem offenen Curriculum, mit dem Schwerpunkt Identitätslernen oder mit dem Schwerpunkt Qualifikationslernen.

Zunächst werden die Begrifflichkeiten der Aufgabenstellung näher erläutert.

Als *geschlossenes Curriculum* wird die curriculare Struktur bezeichnet, die verbindliche inhaltliche Vorgaben enthält. Hierbei handelt es sich beispielsweise um Lehrpläne, Lehrbücher oder Richtlinien zu Prüfungen. (vgl. Siebert 2012: EB0420, S. 13)

Im Gegensatz dazu enthält ein *offenes Curriculum* nur einen allgemeinen Rahmen bezüglich Themen, Lernorten, oder Zeiten. Die Konkretisierung erfolgt zusammen mit den Beteiligten und kann jederzeit modifiziert werden (vgl. ebd., S. 14).

Unter dem Begriff *Identitätslernen* wird die Aneignung von subjektorientierten Kompetenzen (Fähigkeiten, Fertigkeiten) gefasst, um die Persönlichkeit weiterzuentwickeln (vgl. ebd., S. 14).

Der Begriff *Qualifikationslernen* steht für die berufsorientierte Vermittlung von Qualifikationen. Hierbei wird sich an Anforderungen aus verschiedenen Berufsfeldern orientiert, auf die die Lernenden vorbereitet werden sollen. (vgl. ebd., S. 14)

Im Folgenden werden die unterschiedlichen curricularen Strukturen und Zielrichtungen anhand verschiedener Seminarbeispiele der Volkshochschule dargestellt und miteinander verglichen.

Beim didaktischen Design Lehrgang/Schulung handelt es sich um ein geschlossenes Curriculum und im Vordergrund steht das qualifikationsorientierte Lernen. Jedoch ist anzumerken, dass Identitätslernen und Qualifikationslernen nicht eindeutig getrennt werden können, wodurch Qualifizierungen als Nebeneffekt auch zur Entwicklung der Persönlichkeit dienen können (vgl. ebd., S. 15). Orientiert wird sich an Anforderungen der Berufswelt oder des privaten Alltags. Die Inhalte werden vor Seminarbeginn mit den Vorgaben von Lehrplänen oder Prüfungsrichtlinien abgestimmt. Der Lernerfolg wird meist durch Tests oder Prüfungen zum Abschluss des Seminars abgefragt, womit die Performance bzw. die Transferleistung der Teilnehmenden überprüft wird (vgl. ebd. S. 15 f.) Hierbei lässt sich die Schulung zum Verstehen und der Entwicklung von Verkaufsstrategien der Volkshochschule Iserloh als Beispiel einordnen. Ein/e Fachmann/Fachfrau schult Kaufleute aus dem Bereich der Industrie und dem Handel mit dem Ziel, dass die Teilnehmenden die richtige Verkaufsstrategie in ihrem Unternehmen oder den Filialen umsetzen können, um ihre Position auf dem Markt zu verbessern.

Neben der Vorstellung unterschiedlicher Marketinginstrumente üben die Teilnehmer/innen an Fallbeispielen und reflektieren damit ihre Leistung. (vgl. ebd., S. 16)

Die Veranstaltungsform Seminar verfolgt in erster Linie die Entwicklung der Identität der Lernenden. Hierbei orientieren sich die Inhalte meist an den Vorgaben von Lehrplänen oder Prüfungsrichtlinien. Die Teilnehmenden sollen sich im Rahmen von Seminaren mit gesellschaftlich relevanten und aktuellen Themen auseinandersetzen sowie ein Weltverständnis entwickeln. Die Auswahl der Themen bzw. des Seminarinhaltes kann nicht von den Teilnehmern beeinflusst oder mitbestimmt werden, weshalb es bei diesen Bildungsveranstaltungen auch zu Lernschwierigkeiten und damit verbundenen sinkenden Teilnehmerzahlen kommt. (vgl. ebd., S. 14 f.) Ein Beispiel hierfür ist die Veranstaltung zum Thema „Gentherapie bei Tieren und Menschen – Bringt uns die Genübertragung mehr Nahrung und Gesundheit?" der Volkshochschule Herford (ebd. S. 15). Der Vortrag ist klar strukturiert. Im Anschluss an eine Einführung in die Methoden der Genübertragungen werden vier Themenbereiche vertieft. Gestützt wird sich hierbei auf durchgeführte Experimente. Im Anschluss daran wird den Teilnehmenden Raum für Diskussionen über Zukunftsmöglichkeiten, Risiken, Gefahren, etc. geboten. Die Teilnehmenden werden zum Selbstdenken angeregt.

Beim Projektmodell steht das Qualifikationslernen im Vordergrund. (vgl. ebd., S. 17) Projektseminare haben eine offene curriculare Struktur und zielen auf eine Veränderung ab. Die Seminarleitung übernimmt die Rolle als Lernbegleiter/in. Die Teilnehmenden erhalten eine Fragestellung bzw. ein Fallbespiel, wodurch der Praxisbezug hergestellt wird. Sie erhalten beispielsweise die Aufgabe konkrete Missstände zu beseitigen oder Verbesserungspotenziale aufzudecken und Maßnahmen dafür zu planen. Die häufig verwendete Veranstaltungsform sind Lernwerkstätte oder Planspiele, die computergestützt durchgeführt werden können. Als Beispiel dient die Veranstaltung der Angestelltenkammer Bremen, die im Rahmen des Programms der Volkshochschule angeboten wird. Innerhalb dieser Veranstaltung wird den Teilnehmenden die Möglichkeit gegeben, Planungen und Ziele für die Entwicklung eines Stadtbezirks zu diskutieren und zusammenzutragen. Sie sollen sich zu politischen, umweltpolitischen, kulturellen und die Infrastruktur betreffenden Bedingungen oder Entwicklungen äußern, die ihrer Meinung nach notwendig und umsetzbar sind. Die Erarbeitung soll in der Gruppe erfolgen und die Ergebnisse sollen zum Abschluss vorgestellt und beurteilt werden.

Im Fokus einer Selbsthilfegruppe steht das Identitätslernen. Es handelt sich bei der Veranstaltungsform um ein offenes Curriculum. (vgl. ebd., S. 16 f.) Der Seminarinhalt wird freier gestaltet und die Themen können innerhalb des Verlaufs wechseln. Die Seminarleitung orientiert sich in erster Linie an den Teilnehmern. Das Seminar kann als Erfahrungsaustausch genutzt werden und richtet sich meist an spezielle Zielgruppen, wie beispielsweise Frauen, Eltern oder Menschen höheren Alters. Die Seminarleitung übernimmt im Rahmen der Veranstaltung die Lenkung der Gesprächsführung. Dabei gewinnen die Beziehungsbildung und die Kommunikationen miteinander an Bedeutung. Als Beispiel kann hierunter ein Seminar zum Thema Kinderwunsch gefasst werden. Die Teilnehmenden beschäftigen sich in der Gruppe mit den individuellen Gefühlen, Vorstellungen und Zielen zu diesem Thema. Es können auch im Rahmen des Seminars Krisen verarbeitet werden, in dem sie mit der Gruppe geteilt, runtergeschrieben oder gemalt werden. Die Teilnehmenden lernen damit umzugehen. Hierbei kann es sich um unerfüllte Kinderwünsche oder den Verlust von Kindern handeln. (vgl. ebd., S. 16 f.)

Zu den oben ausgeführten Beispielen der vier Modelle ist festzuhalten, dass je nach Modell bestimmte Lernstile nahegelegt werden und bestimmte Lehrstile erforderlich sind. (vgl. ebd., S. 18) Bei den veranschaulichten Beispielen handelt es sich jeweils um Extreme. In der Praxis hingegen ist es vorteilhafter verschiedene Modelle zu integrieren. (vgl. ebd., S. 14) Insbesondere bei Seminaren über einen längeren Zeitraum können bzw. sollten sich die einzelnen Modelle innerhalb des Verlaufes verändern, um sowohl das Qualitätslernen als auch die (Weiter-)Entwicklung der Persönlichkeit der Lernenden optimal zu fördern. (vgl. ebd., S. 14) Hierzu sind aktivierende und lernorientierte Organisationsformen erforderlich. Zusammenfassend ist festzustellen, dass es keine optimale Veranstaltungsform gibt, die allen Lehrinhalten bzw. Lehr- und Lerntypen gerecht wird. Wie wirksam eine bestimmte Veranstaltungsform ist, hängt von verschiedenen fachlichen, subjektiven und atmosphärischen Faktoren ab. Somit kann es in einzelnen Fällen auch von Vorteil sein Frontalunterricht durchzuführen, um den Lernenden einen Input zu geben und anschließend in eine Gruppenarbeitsphase überzugehen. Es kommt auf eine gewisse Balance zwischen den einzelnen Modellen an. (vgl. ebd., S. 18)

Einsendeaufgabe 4

Methodische Konsequenzen unterschiedlicher Lernstrategien, Lernstile und Emotionen.

Für das organisierte Lernen gewinnen Lernstrategien, Lernstile und Emotionen der Menschen zunehmend an Bedeutung. In Abhängigkeit dieser ist ein entsprechender Methodeneinsatz durch die Lehrenden erforderlich. Im Folgenden werden zunächst die Begrifflichkeiten erläutert und die methodischen Konsequenzen dargestellt.

Unter dem Begriff *Lernstrategien* sind die Vorgehensweisen zur Aneignung von neuem Wissen eines Individuums zu fassen. Jeder Mensch hat seine eigenen Handlungsplä-ne, Vorstellungen und Gewohnheiten, die sowohl bewusst als auch unbewusst vom Lernenden angewandt werden. Zu unterscheiden sind kognitive und metakognitive Strategien sowie Ressourcen, die die Lernvorgänge des Menschen beeinflussen. (vgl. EB0430, S. 22 ff.) Zur Erreichung komplexer Lernziele und erfolgreichem Lernen müs-sen die verschiedenen Strategien zusammenwirken. Darum ist es von besonderer Be-deutung, dass die Lehrenden diese Strategien durch den Einsatz verschiedener Unter-richtsmethoden berücksichtigen. (vgl. ebd., S. 24)

Bei den *kognitiven Strategien* handelt es sich um Vorgehensweisen, die unmittelbar auf den Lerngegenstand gerichtet sind. Weiterhin werden hier Strategien der Wiederho-lung, Organisation und Elaboration unterschieden. (vgl. ebd., S. 22) Diese Strategien können selbstständig von Lernenden angewendet oder im Seminarverlauf durch die Lehrenden und Lernenden gemeinsam erarbeitet werden. Damit wird die Behaltens-leistung erhöht und die Aneignung des neuen Wissens gefördert. (vgl. ebd., S. 22 f.)

Lerngegenstände können durch das gezielte Wiederholen und Üben der Zusammen-hänge angeeignet werden. Hierbei kann es auch hilfreich sein, Modelle mehrmals zu skizzieren oder mittels der Verfassung eines kleinen Textes zu rekapitulieren. (vgl. ebd., S. 22 f.)

Zur Lernorganisation kann mittels Gedächtnishilfen wie bspw. Eselsbrücken oder Merksprüchen dafür gesorgt werden, dass die Lernenden sich den Lernstoff aufberei-ten, zusammenfassen, ablegen und verfügbar halten. Alternativ können auch in der Seminargruppe Mindmaps oder Zusammenfassungen erstellt werden, um die Inhalte gemeinsam zu strukturieren. Die sogenannten Organisationsstrategien eignen sich insbesondere für Gruppenarbeiten. Die Lehrenden können hierbei Seminarinhalte in Themengebiete aufbrechen und in Kleingruppen von den Lernenden erarbeiten lassen. Die Lernenden bereiten die Teilbereiche für alle Teilnehmenden auf und stellen sie zur Verfügung. (vgl. ebd., S. 23)

Die Elaborationsstrategien können dazu genutzt werden die Lerninhalte in den Einzelheiten zu erarbeiten und anschließend in ein übergeordnetes System bzw. bereits vorhandenes Vorwissen einzuordnen. Hierzu können sich Beispiele zu einem Sachverhalt ausgedacht und verbildlicht werden und/oder es können Lerngegenstände mit Erfahrungen und Erlebnissen der Lernenden im Dialog verknüpft werden. (vgl. ebd., S. 23)

Die *metakognitiven Strategien* dienen dazu sich als Lernende/r selbst aus einer zweiten Beobachterperspektive wahrzunehmen und den Lernprozess auf die entsprechende Zielerreichung zu überprüfen. Diese Strategien erleichtern das Lernen und helfen das eigene Lernen zu optimieren. Zu Beginn des Lernprozesses wird überprüft und beurteilt, ob relevantes Vorwissen im Gedächtnis gespeichert ist und welche Strategien wann sinnvoll zum Lernen eingesetzt werden können. Diese Strategien können von den Lehrenden im Seminar durch Erfahrungsabfragen oder die Verwendung von Portfoliotechniken zur Selbstdokumentation der Lernfortschritte durch die Lernenden angeregt und begleitet werden. (vgl. ebd., S. 24)

Bei den *Ressourcen* handelt es sich um weitere Faktoren und Verfahrensweisen, die die Lernvorgänge beeinflussen. Zu unterscheiden sind hierbei innere und äußere Ressourcen. Innere Ressourcen sind die Lernmotivation, die Fähigkeit und Bereitschaft dazu die Lernanstrengungen aufrecht zu erhalten sowie den Umgang mit Emotionen und Krisensituationen zu lernen. Die Motivation kann dadurch gesteigert werden, indem die Lernenden sich eigene Ziele setzen, die sie bei der Erreichung gemeinsam mit der Gruppe feiern. Auch eine Aushändigung einer Teilnahmebescheinigung oder eines Zertifikats durch die lehrende Person können dazu beitragen. (vgl. ebd., S. 24) Äußere Ressourcen sind Bedingungen wie Lernort, Lernhelfer oder eingesetzte Mittel, die den Lernprozess beeinflussen. Diese Bedingungen sollten sowohl von den Lehrenden als auch den Lernenden reflektiert und beurteilt werden. Beispielsweise kann auch im Anschluss an das Seminar eine Feedbackmethode dazu verwendet werden. (vgl. ebd. S. 24)

Unter dem Begriff *Lernstil* wird die unterschiedliche Art und Weise verstanden, wie sich Menschen neue Kenntnisse, Fähigkeiten und Fertigkeiten aneignen und welche Interessen zur Motivation beitragen. Dabei hat jeder Mensch individuelle Vorlieben, wie er sich Neues aneignet. (vgl. Siebert 2015: Studienbrief EB0330, S. 15 ff.)

Darum ist es eine Herausforderung für die Lehrenden, den Lernenden durch entsprechenden Methodeneinsatz weitgehend gerecht zu werden. Hierbei sind unterschiedliche Lerngeschwindigkeiten zu berücksichtigen, denn es gibt schnelle, mittlere und langsame Lerner/innen. Das *Lerntempo* der Lerner/innen kann sich je nach Lerngebiet unterscheiden. So kann sich beispielsweise die Methode des Frontalunterrichts mit einer hohen Informationsdichte für schnelle Lerner/innen besser eignen als für langsame Lerner/innen. Weiterhin sind in Bezug auf die *Lernvorlieben* visuelle, auditive und haptische Lerner/innen zu unterscheiden. Es ist darauf zu achten verschiedene Sinnesmodalitäten anzusprechen, um die Vorlieben der Lernenden zu berücksichtigen. Während visuell Lernende effizienter durch Grafiken und/oder Videos lernen, eignen sich haptisch Lernende neues Wissen in erster Linie durch Experimente und/oder Fallbeispiele an. Des Weiteren sind *kognitive Stile* zu berücksichtigen, wonach feldabhängig und feldunabhängig Lernende zu unterscheiden sind. Es wird danach gefragt, in welchem Maße sich die Lernenden bei der Aneignung von neuem Wissen durch ihr Umfeld beeinflussen lassen. Für feldabhängige Lerner sind soziale Interaktionen und klar strukturierte Situationen besser. Feldunabhängige Lerner bevorzugen dagegen das Experimentieren und die Entwicklung eigener Konzepte. Die soziale Interaktion sehen sie im Lernprozess als unwichtig an. Danach sind dozentenzentrierte Verfahren wie Vorträge und dialogisch gestaltete Lehr-Lern-Prozesse effizienter. Jedoch besteht bei feldunabhängig Lernenden die Gefahr einer Unterforderung und Langeweile sowie einem damit einhergehenden Ausstieg aus dem Denkprozess. (vgl. ebd. S. 26 ff.) Nach D. Kolb werden vier Lernstile unterschieden, die in einem Modell gegenübergestellt werden. Es wird nach dem praktischen Erfahren und abstrakten Begreifen sowie nach dem aktiven Probieren und der gedanklichen Beobachtung gefragt. Die Lernstile nach D. Kolb wurden bereits in den Einsendeaufgaben zu EB0300, Aufgabe 6 von der Verfasserin detailliert veranschaulicht. Dieses Ordnungsmodell kann dabei helfen, die Homogenität bzw. Heterogenität der Teilnehmenden abzuschätzen und methodisch angemessen zu berücksichtigen. Die Heterogenität bleibt eine ständige Herausforderung. Damit sind auch die Lernniveaus der Teilnehmenden im jeweiligen Themengebiet von entscheidender Bedeutung, wodurch die Lehrenden die unterschiedlichen Lernniveaus im Sinne von Vorkenntnissen und bereits erworbenen Kompetenzen immer im Blick behalten müssen. (vgl. ebd., S. 30 f.)

Neben den Lernstrategien und den Lernstilen sind für die methodische Ausrichtung von Lernangeboten *Emotionen* von besonderer Wichtigkeit, denn das Lernen der Menschen steht in direkter Verbindung mit ihren Gefühlen. Im Gegenzug zu den Erlebniszuständen der Wahrnehmung, der Vorstellung und des Denkens sind Gefühle gegenstandarm und unpräzise. Diese sind eng an die physischen Phänomene gekoppelt, weshalb es nicht einfach ist, die Emotionen präzise zu beschreiben bzw. zu kategorisieren. (vgl. ebd., S. 35) Die Lehrenden sollten sich an den Emotionen der Teilnehmenden orientieren und ggf. Anpassungen an den Unterrichtsmethoden vornehmen. Denn aus Erfahrungen heraus ist die Behaltensleistung der Teilnehmenden bei positiven Inhalten besser als bei negativen. (vgl. ebd. S. 36) Hierzu lassen sich Kennenlernspiele zu Beginn eines Seminars einsetzen, die auf bisherige Erfahrungen und Emotio-nen der Teilnehmenden mit dem Seminarthema ausgerichtet sind. Dadurch erhält die Seminarleitung bereits einen ersten Aufschluss über die emotionale Besetzung und kann ggf. methodische Anpassungen für den weiteren Seminarverlauf durchführen. Im weiteren Seminarverlauf bietet sich die Blitzlicht-Methode an, um die emotionale Stim-mung der Teilnehmenden im Blick zu behalten und den Lernerfolg zu gewährleisten. (vgl. ebd., S. 71)

Literaturverzeichnis

Von Felden H. (2014): Studienbrief EB0410: Didaktisches Handeln und Kommunikation in Lerngruppen., 2. Aktualisierte Auflage, Kaiserslautern, s.n.

Höffer-Mehlmer M. (2014): Studienbrief EB0430: Methoden und Medien in der Erwachsenenbildung., Kaiserslautern, s.n.

Siebert H. (2012): Studienbrief EB0420: Didaktisches Design., 3. aktualisierte und überarbeitete Auflage, Kaiserslautern, s.n.

15